CANCIÓN DE NAPALM

EDITORIAL CÁNTICO
COLECCIÓN · DOBLE ORILLA, POESÍA
DIRIGIDA POR RAÚL ALONSO

cantico.es · @canticoed

Editorial Cántico
Parque Logístico de Córdoba
Carretera de Palma del Río, km. 4
14005 Córdoba

Publicado por acuerdo con Atlantic Monthly Press, un sello de Grove Atlantic, Inc, Nueva York, NY, EEUU

ISBN: 978-84-19387-94-3
Depósito legal: CO 138-2024

Impresión y encuadernación:
Imprenta Luque S.L.

BRUCE WEIGL

CANCIÓN DE NAPALM

TRADUCCIÓN LOREA URESBERUETA

EDICIÓN BILINGÜE

EDITORIAL CÁNTICO

COLECCIÓN DOBLE ORILLA · POESÍA

SOBRE EL AUTOR

Bruce Weigl es un poeta contemporáneo estadounidense nacido el 27 de enero de 1949 en Lorain, Ohio. Su obra literaria profundiza en las experiencias de los estadounidenses y ha recibido numerosos premios, incluyendo el Premio Robert Creeley, el Premio Literario Lannan de Poesía, el Premio de Poesía Paterson y el Premio Poeta Laureado de Ohio, entre otros. En 1988 quedó finalista del Premio Pulitzer con su libro más emblemático: *Canción de Napalm*, que explora temas relacionados con la guerra y la experiencia humana. Por segunda vez ha quedado finalista del Premio Pulitzer en 2012, con su libro *The abundance of Nothing*. Una parte significativa de la obra de Bruce Weigl está influenciada por su experiencia en la Guerra de Vietnam, que dejó una profunda huella en su poesía. La literatura vietnamita es una constante en la obra de Weigl, área en la que se a convertido en un traductor especialista.

SONG OF NAPALM

CANCIÓN DE NAPALM

For Miss Tao of the tiger cage

"My home, my country,
the heart split in two ..."

And for Reg Gibbons

Para la señorita Tao de la jaula del tigre.

"Mi hogar, mi país,
el corazón partido en dos..."

Y para Reg Gibbons

I

SAILING TO BIEN HOA

I

NAVEGANDO A BIEN HOA

Out of the horror there rises a musical ache that is beautiful...

JAMES WRIGHT

Del horror surge un anhelo musical que es bello...

James Wright

SAILING TO BIEN HOA

In my dream of the hydroplane
I'm sailing to Bien Hoa
the shrapnel in my thighs
like tiny glaciers.

I remember a flower,
a kite, a mannequin playing the guitar,
a yellow fish eating a bird, a truck
floating in urine, a rat carrying a banjo,
a fool counting the cards, a monkey praying,
a procession of whales, and far off
two children eating rice,
speaking French—

I'm sure of the children,
their damp flutes,
the long line of their vowels.

NAVEGANDO A BIEN HOA

Cuando huyo en mis sueños
navego a Bien Hoa
la metralla en mis muslos
como diminutos glaciares.

Recuerdo una flor,
una cometa, un maniquí tocando la guitarra,
un pez amarillo comiendo un pájaro, un camión
flotando en la orina, una rata con un banjo a cuestas,
un ingenuo contando las cartas, un mono rezando,
una procesión de ballenas, y a lo lejos
dos niños comiendo arroz,
hablando francés.

Estoy seguro de los niños,
de sus flautas mojadas,
de su larga línea de vocales.

GIRL AT THE CHU LAI LAUNDRY

All this time I had forgotten.
My miserable platoon was moving out
one day in the war and I had my clothes in the laundry.
I ran the two dirt miles,
convoy already forming behind me. I hit
the block of small hooches and saw her
twist out the black rope of her hair in the sun.
She did not look up at me,
not even when I called to her for my clothes.
She said I couldn't have them,
they were wet ...

Who would've thought the world stops
turning in the war, the tropical heat like hate
and your platoon moves out without you,
your wet clothes piled
at the feet of the girl at the laundry,
beautiful with her facts.

CHICA EN LA LAVANDERÍA DE CHU LAI

Lo había olvidado.
Mi mísero pelotón se marchaba,
un día en la guerra y yo con mi ropa en la lavandería.
Corrí las dos millas de camino de tierra,
el convoy ya casi formado a mi espalda.
Llegué a la zona de pequeñas barracas
y la vi escurrir la cuerda de su pelo negro al sol.
No levantó la vista,
ni siquiera cuando grité pidiéndole mi ropa.
Me dijo que no me la podía dar,
que estaba mojada.

Quién habría dicho que el mundo deja de girar
en la guerra, que el calor tropical es odio
y que tu pelotón avanza sin ti,
tu ropa mojada apilada
a los pies de la chica de la lavandería,
hermosa con su verdad.

THE WAY OF TET

Year of the monkey, year of the human wave,
the people smuggled weapons in caskets through the city
in long processions undisturbed
and buried them in Saigon graveyards.
At the feet of their small Buddhas
weary bar girls burned incense
before the boy soldiers arrived
to buy them tea and touch them
where they pleased. Twenty years
and the feel of a girl's body
so young there's no hair
is like a dream, but living is a darker thing,
the iron burning bee who drains the honey,
and he remembers her
twisting in what evening
light broke into the small room in the shack
in the labyrinth of shacks
in the alley where the lost and corrupted kept house.
He undressed her for the last time,
each piece of clothing
a sacrifice she surrendered to the war
the way the world had become.
Tomorrow blood would run in every province.

TET[1]

Año del mono, año de la ola humana,
el pueblo escondía armas en féretros
en largas y sagradas procesiones
para después enterrarlas en cementerios de Saigon.
A los pies de sus pequeños Buddhas
chicas de bar consumidas queman incienso
antes de que lleguen los chicos soldado
y les inviten a té
y las toqueteen. Veinte años
y el tacto del cuerpo de una chica
tan joven que no tiene pelo
es como un sueño, pero vivir es más oscuro,
el proyectil que sangra
y él la recuerda
retorciéndose en la poca luz de la tarde
que se colaba en la habitación de la casucha
en el laberinto de casuchas
del callejón donde los corruptos y perdidos tenían su casa.
La desnudó por última vez
cada pieza de ropa
un sacrificio que ella entregaba a la guerra

---

1 Tet: Año Nuevo vietnamita.

Tomorrow people would rise from tunnels everywhere
and resurrect something ancient from inside them,
and the boy who came ten thousand miles to touch her
small self lies beside the girl whose words he can't understand,
their song a veil between them.

She is a white bird in the bamboo, fluttering.
She is so small he imagines
he could hold all of her
in his hands and lift her to the black
sky beyond the illumination round's white light
where she would fly from her life
and the wounds from the lovers would heal,
the broken skin grow back.
But he need only touch her, only
lift the blanket from her shoulders
and the automatic shape of love unfolds,
the flare's light burning down on them,
lost in a wave that arrives
after a thousand years of grief
at their hearts.

en la que se había convertido el mundo.
Mañana correrá la sangre en cada provincia.
Mañana, desde todos los túneles se alzará el pueblo
y algo de dentro, antiguo, resucitará
y el chico que recorrió diez mil millas para tocar
ese pequeño cuerpo está recostado a su lado
sin entender sus palabras,
que forman un velo entre ellos.

Ella es un pájaro blanco en el bambú, aleteando.
Es tan menuda que él imagina
que podría sostenerla
en sus manos y elevarla al oscuro cielo
más allá de la blanca luz de las explosiones
allí escaparía de su vida
y las heridas de sus amantes se curarían,
la piel rota renacería.
Pero solo con tocarla, solo
con levantar la manta de sus hombros
la forma automática del amor se despliega,
la luz de las bengalas derramándose en ellos,
perdidos en una ola que llega
tras mil años de dolor
en sus corazones.

TEMPLE NEAR QUANG TRI, NOT ON THE MAP

Dusk, the ivy thick with sparrows
squawking for more room
is all we hear; we see
birds move on the walls of the temple
shaping their calligraphy of wings.
Ivy is thick in the grottoes,
on the moon-watching platform
and ivy keeps the door from fully closing.

The point man leads us and we are
inside, lifting
the white washbowl, the smaller bowl
for rice, the stone lanterns
and carved stone heads that open
above the carved faces for incense.
But even the bamboo sleeping mat
rolled in the corner,
even the place of prayer, is clean.
And a small man

sits legs askew in the shadow
the farthest wall casts
halfway across the room.

TEMPLO CERCA DE QUANG TRI, NO ESTÁ EN EL MAPA

Atardecer, la hiedra de gorriones
graznando para hacerse sitio
es todo lo que oímos. Vemos
pájaros moverse por las paredes del templo
moldeando la caligrafía de sus alas.
La hiedra es espesa en las grutas,
en el estrado para mirar la luna,
y la hiedra impide que la puerta se cierre del todo.

El guía nos conduce dentro,
levantamos la palangana blanca,
el cuenco más pequeño
para el arroz, los farolillos de piedra
y las cabezas de piedra que se abren
encima de los rostros esculpidos para el incienso.
Pero ni en la esterilla de bambú
enrollada en la esquina,
ni en el lugar de oración, había nada.
Y un hombre menudo

está sentado con las piernas cruzadas
en la sombra que la pared más lejana
proyecta a través de la estancia.

He is bent over, his head
rests on the floor and he is speaking something
as though to us and not to us.
The CO wants to ignore him;
he locks and loads and fires a clip into the walls
which are not packed with rice this time
and tells us to move out.

But one of us moves towards the man,
curious about what he is saying.
We bend him to sit straight
and when he's nearly peaked
at the top of his slow uncurling
his face becomes visible, his eyes
roll down to the charge
wired between his teeth and the floor.
The sparrows
burst off the walls into the jungle.

Está inclinado, la cabeza
descansa en el suelo y parece decirnos algo
y no decirnos nada.
El joven oficial quiere ignorarlo;
bloquea, carga y dispara contra las paredes
que esta vez no están llenas de arroz
y nos ordena que salgamos.

Pero uno de nosotros se acerca al hombre,
intrigado por lo que está diciendo.
Lo incorporamos
y casi al final de
su lento desenroscar
su rostro se hace visible, sus ojos
apuntan a la carga
sujeta con un cable
entre el suelo y sus dientes.
Las golondrinas
estallan desde las paredes hacia la jungla.

HIM, ON THE BICYCLE

There was no light; there was no light at all...

ROETHKE

In a liftship near Hue,
the door gunner is in a trance.
He's that driver who falls
asleep at the wheel
between Pittsburgh and Cleveland
staring at the Ho Chi Minh Trail.

Flares fall,
where the river leaps
I go stiff,
I have to think, tropical.

The door gunner sees movement,
the pilot makes small circles:
four men running, carrying rifles,
one man on a bicycle.

He pulls me out of the ship,
there's firing far away.
I'm on the back of the bike
holding his hips.
It's hard pumping for two,
I hop off and push the bike.

ÉL, EN BICICLETA

No había luz; no había nada de luz...

ROETHKE

En un helicóptero cerca de Hue,
el artillero está en trance.
Es ese conductor que
se queda dormido al volante entre
Pittsburgh y Cleveland
mirando fijamente la ruta Ho Chi Minh.

Llueven bengalas,
en el salto del río
me quedo agarrotado,
tengo que pensar, en trópico.

El artillero ve movimiento,
el piloto vuela en pequeños círculos:
cuatro hombres corren, llevan rifles,
un hombre en bicicleta.

Me saca del helicóptero,
hay disparos a lo lejos.
Estoy atrás en la bicicleta
sujetándome a sus caderas.
Es duro pedalear por dos,
me bajo de un salto y empujo la bicicleta.

I’m brushing past trees,
the man on the bike stops pumping,
lifts his feet,
we don’t waste a stroke.
His hat flies off,
I catch it behind my back,
put it on, I want to live forever!

Like a blaze
streaming down the trail.

Me rozo con los árboles,
el hombre de la bicicleta deja de pedalear,
levanta los pies,
no malgastamos ni una arremetida.
Su sombrero sale volando,
lo agarro por detrás de mi espalda,
me lo pongo, ¡quiero vivir para siempre!

Como una llamarada
derramándose por el camino.

SOME THOUGHTS ON THE AMBASSADOR: BONG SON, 1967

Bunker the ambassador.

Does Mr. Bunker have a bunker?

He must have a bunker
with chrome faucets and a sauna
and a mama san to ease his mind.

They must call it
Mr. Bunker's bunker.

He must be shaking his head.

REFLEXIONES SOBRE EL EMBAJADOR: BONG SON, 1967

Bunker el embajador.

¿El señor Bunker tiene un bunker?

Seguro que tiene un bunker
con grifos cromados y una sauna
y una *mama san*[2] para relajarse.

Seguro que lo llaman el bunker
del señor Bunker.

Seguro que lo está negando con la cabeza.

2 Mama san: término usado por los soldados estadounidenses para referirse a cualquier mujer vietnamita de cierta edad.

HAND TO HAND

We sit in a circle around First Sergeant. Who wants to try me he says and my hand goes up and before I know what I'm doing I'm doing it. He slams me into the ground like someone made of water—my back, my lungs, some clouds. I take his hand and he spins me and I'm down again. I can feel the day lost, the night I'm in my rack, hurt, unable to sleep, he comes like so much man, leads me past the fireguard, past fifty sleeping soldiers, pushes his bunk aside, pulls me and we dance and I learn hand to hand brothers, learn the places on the body that betray... . Close my eyes. Open them. Fall violently upward.

COMBATE CUERPO A CUERPO

Nos sentamos en círculo alrededor del sargento primero. Quién se atreve conmigo dice y levanto la mano y antes de darme cuenta de lo que estoy haciendo lo estoy haciendo. Me arroja al suelo como si estuviera hecho de agua: mi espalda, mis pulmones, algunas nubes. Tomo su mano y me da una vuelta sobre mí mismo y otra vez al suelo. Siento que el día está ya perdido, por la noche estoy en mi litera dolorido, sin poder dormir, él se presenta tan hombre y me conduce al lado de la chimenea, al lado de cincuenta soldados dormidos, aparta su catre, me atrae hacia él y bailamos y aprendo hermanos cuerpo a cuerpo, aprendo los lugares del cuerpo que traicionan... Cierro los ojos. Los abro. Caigo violentamente hacia arriba.

SURROUNDING BLUES ON THE WAY DOWN

I was barely in country.
We slipped under the rain-black clouds
opening around us like orchids.
He'd come to take me into the jungle
so I felt the loneliness
though I did not yet hate the beautiful war.
Eighteen years old and a man
was telling me how to stay alive
in the tropics he said would rot me—

brothers of the heart he said and smiled
until we came upon a mama san
bent over from her stuffed sack of flowers.
We flew past her but he hit the brakes hard,
he spun the tires backwards in the mud.
He did not hate the war either
but other reasons made him cry out to her
so she stopped,
she smiled her beetle-black teeth at us,
in the air she raised her arms.

BLUES QUE TE ACOMPAÑA EN LA CAÍDA

Llevaba poco en el país.
Nos deslizamos bajo las nubes negras
que se abrían a nuestro alrededor como orquídeas.
Él había venido para llevarme a la selva
sentí la soledad
aunque todavía no odiaba la hermosa guerra.
Dieciocho años y un hombre
me explicaba cómo sobrevivir
en el trópico que según él acabaría pudriéndome.

Hermanos de corazón, dijo y sonrió
hasta que nos topamos con una *mama san*[3]
encorvada por su saco repleto de flores.
Pasamos volando a su lado pero frenó con fuerza
y echó marcha atrás en el barro.
Él tampoco odiaba la guerra,
fueron otras las razones que le impulsaron a llamarla
para que se detuviera,
ella nos sonrió con sus dientes negro escarabajo
y levantó los brazos al aire.

---

3 Ver nota 1.

I have no excuse for myself.
I sat in that man's jeep in the rain
and watched him slam her to her knees,
the plastic butt of his M16
crashing down on her.
I was barely in country, the clouds
hung like huge flowers, black
like her teeth.

No tengo excusa.
Sentado bajo la lluvia en el todoterreno de ese hombre
miré cómo le pegaba hasta que cayó de rodillas,
la punta de plástico de su M16
machacándola.
Llevaba poco en el país, las nubes
colgaban como flores gigantes, negras
como sus dientes.

SONG FOR THE LOST PRIVATE

The night we were to meet in the hotel
in the forbidden Cholon district
you didn't show
so I drank myself into a filthy room with a bar girl
who had terrible scars
she ran her fingers over
as we bartered for the night.
Drunk, I couldn't do anything, angry
I threw the mattress to the street
and stood naked on the balcony
cursing your name to the night.
She thought I was crazy
and tried to give my money back.
I don't know how to say I tried again.
I saw myself in the mirror and couldn't move.
In her fist she crushed the paper money,
she curled in sleep away from me
so I felt cruel, cold, and small arms fire
cracked in the marketplace below.
I thought I heard you call back my name then
but white flares lit the sky
casting empty streets in clean light
and the firing stopped.

CANCIÓN PARA EL SOLDADO PERDIDO

La noche en que habíamos quedado en el hotel
del distrito prohibido de *Cholon*
no te presentaste
me emborraché y acabé
en una habitación mugrienta con una chica de bar
con unas cicatrices terribles
que se tocaba con los dedos
mientras negociábamos la noche.
Borracho, fui incapaz de hacer nada, enfadado
tiré el colchón a la calle
y me quedé en el balcón, desnudo
y maldiciendo tu nombre en la noche.
Ella creyó que estaba loco
e intentó devolverme el dinero.
No sé cómo decir que lo volví a intentar.
Me miré en el espejo y no podía moverme.
Aplastó el dinero con la mano
y se acurrucó lejos de mí mientras dormía,
me hizo sentir cruel y distante,
abajo, disparos de pistola en el mercado.
Me pareció entonces que me llamaste por mi nombre
pero bengalas blancas iluminaron el cielo
proyectando una luz limpia sobre las calles vacías

I couldn't sleep so I touched her
small shoulders, traced the curve on her spine,
traced the scars, the miles
we were all from home.

y los disparos cesaron.
No podía dormir así que toqué
sus menudos hombros, tracé la curva de su espalda,
sus cicatrices las millas
que nos separaban de nuestras casas.

SHORT

There's a bar girl on Trung Hung Do who has half a ten-piaster note I tore in my drunken relief to be leaving the country. She has half and I have half, if I can find it. If I lost it, it wasn't on purpose, it's all I have to remember her. She has a wet sheet, a PX fan, PX radio, and half a ten-piaster note, as if she cared to remember me. She thought it was stupid to tear money and when I handed it to her she turned to another soldier, new in country, who needed a girl. I hope I burn in hell.

CORTO[4]

Hay una chica en un bar en Trung Hung Do que tiene la mitad de un billete de diez piastras que rompí estando de permiso, borracho, antes de dejar el país. Ella tiene una mitad, yo tengo la otra, si es que la encuentro. Si la he perdido, no fue aposta, es el único recuerdo que tengo de ella. Tiene una sábana mojada, un ventilador PX[5], una radio PX y la mitad de un billete de diez piastras, como si le importara conservar un recuerdo mío. Le pareció estúpido romper dinero y cuando le di el billete se giró hacia otro soldado que acababa de llegar al país y necesitaba una chica. Ojalá me pudra en el infierno.

4 El corto periodo de tiempo antes de volver a casa de la guerra.

5 Post Exchange: mercado exclusivo para militares y sus familiares.

THE LAST LIE

Some guy in the miserable convoy
raised up in the back of our open truck
and threw a can of C rations at a child
who called into the rumble for food.
He didn't toss the can, he wound up and hung it
on the child's forehead and she was stunned
backwards into the dust of our trucks.

Across the sudden angle of the road's curving
I could still see her when she rose,
waving one hand across her swollen, bleeding head,
wildly swinging her other hand
at the children who mobbed her,
who tried to take her food.

I grit my teeth to myself to remember that girl
smiling as she fought off her brothers and sisters.
She laughed
as if she thought it were a joke
and the guy with me laughed
and fingered the edge of another can
like it was the seam of a baseball

LA ÚLTIMA MENTIRA

Un tipo del patético convoy
se puso de pie en el todoterreno
y lanzó una lata de su ración a una niña
que pedía comida a través del ruido.
La lata golpeó la frente de la niña
que cayó de espaldas aturdida
entre el polvo de nuestras camionetas.

Por encima de la repentina curva de la carretera
pude ver cómo se levantaba
y saludaba con una mano por delante de su cabeza hinchada,
[ensangrentada,
y con la otra apartaba ferozmente a los niños que la asaltaban
para intentar robarle la comida.

Aprieto los dientes al recordar
la sonrisa de la niña mientras se zafaba de sus hermanos.
Reía
como si fuera una broma
y el tipo a mi lado reía
y acariciaba el borde de otra lata
como si fuera la costura de una pelota de béisbol

until his rage ripped
again into the faces of children
who called to us for food.

hasta que su rabia desgarró
las caras de otros niños
que venían a pedirnos comida.

MONKEY

I

I am you are he she it is
we are you are they are.
I am you are he she it is
we are you are they are.
When they ask for your number
pretend to be breathing.
Forget the stinking jungle,
force your fingers between the lines.
Learn to get out of the dew.
The snakes are thirsty.
Bladders, water, boil it, drink it.
Get out of your clothes.
You can't move in your green clothes.
Your O.D. in color issues clothes.
Get out the plates and those who ate,
those who spent the night.
Those small Vietnamese soldiers.
They love to hold your hand.
Back away from their dark cheeks.
Small Vietnamese soldiers.
They love to love you.
I have no idea how it happened.
I remember nothing but light.

MONO

I

Yo soy tú eres él ella ello es
nosotros somos vosotros sois ellos son.
Yo soy tú eres él ella ello es
nosotros somos vosotros sois ellos son.
Cuando te pidan tu número
finge estar vivo.
Olvida la jungla y su peste,
obliga a tus dedos a buscar en los límites.
Aprende a salir del rocío.
Las serpientes tienen sed.
Bidones, agua, hiérvela, bébela.
Quítate la ropa.
No te puedes mover con tu uniforme verde.
Toda tu ropa es verde oliva.
Saca los platos y a los que comieron,
los que pasaron la noche.
A esos menudos soldados vietnamitas
les encanta cogerte de la mano.
Aléjate de sus oscuras mejillas.
A esos menudos soldados vietnamitas
les encanta amarte.
No tengo ni idea de cómo pasó.
Solo recuerdo la luz.

II

I don't remember the hard
swallow of the lover.
I don't remember the burial of ears.
I don't remember
the time of the explosion.
This is the place where curses are manufactured,
delivered like white tablets.
The survivor is spilling his bedpan.
He slips a curse into your pocket,
you're finally satisfied.
I don't remember the heat
in the hands,
the heat around the neck.
Good times bad times sleep
get up work. Sleep get up
good times bad times.
Work eat sleep good bad work times.
I like a certain cartoon of wounds.

The water which refused to dry.
I like a little unaccustomed mercy.
Pulling the trigger is all we have.
I hear a child.

II

No recuerdo
el miedo del amante.
No recuerdo el entierro de las orejas.
No recuerdo
el momento de la explosión.
Este es el lugar donde las maldiciones son fabricadas
y repartidas como pastillas[6] blancas.
El superviviente derrama su bacinilla.
Desliza una maldición en tu bolsillo,
por fin estás satisfecho.
No recuerdo el calor
en las manos,
el calor alrededor del cuello.
Buenos tiempos, malos tiempos, duerme
levántate trabaja. Duerme levántate
buenos tiempos, malos tiempos.
Trabaja come duerme buenos malos
momentos en el trabajo.
Hay unos dibujos animados de heridas que me gustan.

El agua que se negó a secarse.
Me gusta un poco del escaso consuelo.
Solo nos queda apretar el gatillo.
Oigo a un niño.

---

6 durante la guerra de Vietnam había dos tipos de pastillas blancas utilizadas comúnmente por los soldados estadounidenses: las pastillas contra la malaria y las pastillas que ayudaban a mantenerse despierto.

III

I dropped to the bottom of a well.
I have a knife.
I cut someone with it.
Oh, I have the petrified eyebrows
of my Vietnam monkey.
My monkey from Vietnam.
My monkey.
Put your hand here.
It makes no sense.
I beat the monkey.
I didn't know him.
He was bloody.
He lowered his intestines
to my shoes. My shoes
spit-shined the moment
I learned to tie the bow.
I'm not on speaking terms
with anyone. In the wrong climate
a person can spoil,
the way a pair of boots slows you... .

I don't know when I'm sleeping.
I don't know if what I'm saying
is anything at all.
I'll lie on my monkey bones.

III

Me caí al fondo del pozo.
Tengo un cuchillo.
Rajo a alguien con él.
Oh, tengo las cejas petrificadas
de mi mono de Vietnam.
Mi mono de Vietnam.
Mi mono.
Pon tu mano aquí.
No tiene sentido.
Golpeo al mono.
No lo conocía.
Sangraba.
Vació sus intestinos
en mis zapatos. Mis zapatos
que ya relucían cuando
aprendí a atarme los cordones.
No estoy para hablar
con nadie. En el clima
equivocado
uno puede echarse a perder
de la misma manera que unas botas te ralentizan...

No sé cuándo estoy dormido.
No sé si lo que estoy diciendo
tiene sentido.
Me tumbaré sobre los huesos de mi mono.

IV

I'm tired of the rice
falling in slow motion
like eggs from the smallest animal.
I'm twenty-five years old,
quiet, tired of the same mistakes,
the same greed, the same past.
The same past with its bleat
and pound of the dead,
with its hand grenade
tossed into a hooch on a dull Sunday
because when a man dies like that
his eyes sparkle,
his nose fills with witless nuance
because a farmer in Bong Son
has dead cows lolling
in a field of claymores
because the VC tie hooks to their comrades
because a spot of blood is a number
because a woman is lifting
her dress across the big pond.

If we're soldiers we should smoke them
if we have them. Someone's bound
to point us in the right direction
sooner or later.

I'm tired and I'm glad you asked.

IV

Estoy cansado de que el arroz
caiga a cámara lenta
como huevas de un animal diminuto.
Tengo veinticinco años,
callado, cansado de los mismos errores,
la misma avaricia, el mismo pasado.
El mismo pasado con su quejido
y el aporreo de los muertos,
con la granada de mano
lanzada a la casucha de paja en un domingo cualquiera
porque cuando un hombre muere de esa manera
sus ojos brillan,
su nariz se llena de matices sin gracia
porque un granjero de Bong Son
tiene vacas muertas tiradas
en un campo de minas
porque el Viet Cong cuelga ganchos[7]* a sus camaradas
porque una mancha de sangre es un número
porque una mujer se levanta
la falda en el gran estanque.

Si somos soldados deberíamos fumar
si hay tabaco. Seguro que alguien
nos llevará por el buen camino
antes o después.

Estoy cansado y me alegro de que me hayas
hecho esa pregunta.

---

7 ganchos de bambú que los soldados del Viet Cong solían llevar atados a los cinturones de tal manera que si caían en combate podían ser recogidos y trasladados más fácilmente por sus camaradas.

V

There is a hill.
Men run top hill.
Men take hill.
Give hill to man.

Me and my monkey
and me and my monkey
my Vietnamese monkey
my little brown monkey
came with me
to Guam and Hawaii
in Ohio he saw
all my people he
jumped on my daddy
he slipped into mother
he baptized my sister
he's my little brown monkey
he came here from heaven
to give me his spirit
imagine my monkey my beautiful
monkey he saved me lifted
me above the punji
sticks above the mines
above the ground burning
above the dead above
the living above the
wounded dying the wounded
dying.

V

Hay una colina.
Corremos a cima de colina.
Hombres toman colina.
Dan colina a hombre.

Yo y mi mono
y yo y mi mono
mi mono vietnamita
mi mono marrón chiquitito
vino conmigo
a Guan y Hawaii
en Ohio vio
a mi gente
saltó encima de mi padre
se deslizó hacia mi madre
bautizó a mi hermana
es mi mono marrón chiquitito
vino desde el cielo
para darme su espíritu
imagínate mi mono mi mono
bonito me salvó me elevó
por encima de las estacas *punji*[8]*
por encima de las minas
por encima del suelo ardiendo
por encima de los muertos
por encima de los vivos por encima de
los heridos moribundos los heridos
moribundos.

---

8 punji: estacas de madera o bambú utilizadas como trampa mortal

II

SONG OF NAPALM

II

CANCIÓN DE NAPALM

The abnormal is not courage ...

Jack Gilbert

Lo anormal no es valentía...

JACK GILBERT

SONG OF NAPALM

for my wife

After the storm, after the rain stopped pounding,
we stood in the doorway watching horses
walk off lazily across the pasture's hill.
We stared through the black screen,
our vision altered by the distance
so I thought I saw a mist
kicked up around their hooves when they faded
like cut-out horses
away from us.
The grass was never more blue in that light, more
scarlet; beyond the pasture
trees scraped their voices into the wind, branches
crisscrossed the sky like barbed wire
but you said they were only branches.

Okay. The storm stopped pounding.
I am trying to say this straight: for once
I was sane enough to pause and breathe
outside my wild plans and after the hard rain
I turned my back on the old curses. I believed
they swung finally away from me ...

CANCIÓN DE NAPALM

para mi esposa

Tras la tormenta, tras el azote de la lluvia,
nos quedamos en la entrada mirando los caballos
alejarse perezosamente por la colina.
Los observamos a través de la rejilla negra,
la distancia alteraba nuestra percepción
y me pareció ver una neblina
que se formaba en sus cascos
mientras se perdían a lo lejos
como figuras recortables.
La hierba nunca fue tan azul bajo esa luz, tan roja;
más allá de los pastos
los árboles arañaban el viento con sus voces, las ramas
se entrecruzaban en el cielo como alambre de espino
pero tú me aseguraste que eran tan solo ramas.

Espera. La tormenta dejó de azotar.
Intentaré decirlo sin rodeos: por una vez
estaba lúcido como para respirar por encima de
mis feroces intenciones y tras la lluvia
di la espalda a mi vieja maldición. Llegué a creer
que por fin se había alejado de mí...

But still the branches are wire
and thunder is the pounding mortar,
still I close my eyes and see the girl
running from her village, napalm
stuck to her dress like jelly,
her hands reaching for the no one
who waits in waves of heat before her.

So I can keep on living,
so I can stay here beside you,
I try to imagine she runs down the road and wings
beat inside her until she rises
above the stinking jungle and her pain
eases, and your pain, and mine.

But the lie swings back again.
The lie works only as long as it takes to speak
and the girl runs only as far
as the napalm allows
until her burning tendons and crackling
muscles draw her up
into that final position
burning bodies so perfectly assume. Nothing
can change that, she is burned behind my eyes
and not your good love and not the rain-swept air
and not the jungle-green
pasture unfolding before us can deny it.

Pero las ramas siguen siendo alambre de espino
y el trueno es un ataque de mortero.
Cierro los ojos y todavía veo a la niña
escapando de su aldea, napalm
pegado a su vestido como gelatina,
sus manos dirigiéndose hacia
nadie, porque nadie la espera
en la avalancha de calor.

Para poder seguir viviendo,
para poder seguir aquí a tu lado,
intento imaginar que corre por la carretera
y unas alas en su interior baten y la elevan
por encima de la pútrida jungla
y su dolor amaina, y el tuyo, y el mío.

Pero la mentira vuelve como un péndulo.
La mentira dura lo que se tarda en decirla
y la niña corre hasta donde le permite el napalm
y hasta que los tendones en llamas
y los músculos crepitantes la modelan
en esa posición final
que los cuerpos quemados adoptan a la perfección. Nada
puede cambiar eso, en mis ojos ella está calcinada
y ni tu amor ni el aire después de la lluvia
ni el verde selva
de los pastos desplegándose ante nosotros
pueden negarlo.

BURNING SHIT AT AN KHE

Into that pit
I had to climb down
with a rake and matches; eventually,
you had to do something
because it just kept piling up
and it wasn't our country, it wasn't
our air thick with the sick smoke
so another soldier and I
lifted the shelter off its blocks
to expose the homemade toilets:
fifty-five-gallon drums cut in half
with crude wood seats that splintered.
We soaked the piles in fuel oil
and lit the stuff
and tried to keep the fire burning.
To take my first turn
I paid some kid
a CARE package of booze from home.
I'd walked past the burning once
and gagged the whole heart of myself—
it smelled like the world
was on fire,
but when my turn came again
there was no one

QUEMAR MIERDA EN AN KHE

Tuve que arrastrarme
agujero abajo
con rastrillo y cerillas;
teníamos que hacer algo ya
porque seguía acumulándose
y ese país no era nuestro,
no era nuestro
el aire pesado con el humo enfermizo
así que otro soldado y yo levantamos la caseta de su soporte
y dejamos expuestos los retretes improvisados:
tambores de cincuenta y cinco galones cortados por la mitad
con asientos de madera sin pulir que se astillaban.
Sumergimos los montones en combustible
y prendimos fuego
e intentamos mantenerlo encendido.
Cuando me tocó el turno
soborné a un muchacho con alcohol de nuestro país.
Una vez que pasé al lado del fuego
las náuseas me subieron desde el corazón
olía como si toda la tierra se estuviera quemando
pero cuando me llegó el turno de nuevo
no había nadie
así que me metí algodón en la nariz
y fui colina arriba. Vertimos

so I stuffed cotton up my nose
and marched up that hill. We poured
and poured until it burned and black
smoke curdled
but the fire went out.
Heavy artillery
hammered the evening away in the distance,
Vietnamese laundry women watched
from a safe place, laughing.
I'd grunted out eight months
of jungle and thought I had a grip on things
but we flipped the coin and I lost
and climbed down into my fellow soldiers'
shit and began to sink and didn't stop
until I was deep to my knees. Liftships
cut the air above me, the hacking
blast of their blades
ripped dust in swirls so every time
I tried to light a match
it died
and it all came down on me, the stink
and the heat and the worthlessness
until I slipped and climbed
out of that hole and ran
past the olive-drab
tents and trucks and clothes and everything
green as far from the shit
as the fading light allowed.
Only now I can't fly.
I lay down in it
and fingerpaint the words of who I am
across my chest
until I'm covered and there's only one smell,
one word.

y vertimos hasta que se quemó y
el humo negro se cuajó
pero el fuego terminó apagándose.
Artillería pesada
taladraba la tarde en la distancia,
mujeres vietnamitas haciendo la colada
miraban desde un lugar seguro, riéndose.
Llevaba ocho meses de soldado de infantería
en la jungla y pensaba que me las sabía todas
pero lo echamos a suertes y perdí
así que descendí hasta la mierda
de mis compañeros y me hundí
hasta las rodillas. Helicópteros
cortaban el aire justo por encima
la ráfaga seca de las aspas
desgarraba el polvo en torbellinos
y cada vez que intentaba encender la mecha
moría
y todo caía sobre mí, la peste
y el calor y la futilidad
hasta que resbalé y trepé
fuera de ese agujero y corrí
más allá de las tiendas de campaña marrón oliva
y los camiones y la ropa y todo lo verde
tan lejos de la mierda
como me permitía la luz que se apagaba.
Solo que ahora no puedo volar.
Me tumbo encima y con los dedos manchados
pinto las palabras *quién soy*
en mi pecho
hasta que estoy totalmente cubierto
y sólo existe un olor,
una palabra.

CONVOY

On a convoy from Bong Son to Hue we stop at a Vietnamese graveyard. People set up shelter halves right over the top of gravestones: one rock wall just in case. It's raining. I smell people.

Two in the morning someone wakes me for guard. I'm out of bed, standing in the cold. The man next to me walks over to talk. A helicopter is parked thirty yards in front of us and in the moon it begins to move. My friend becomes leader, he wants to fire, I'm afraid of an explosion. He tells me to circle the ship while he covers.

At the window it's dark, no moon. Inside, the pilot, restlessly turning in his sleep, rocking his ship.

CONVOY

En un convoy de Bong Son a Hue paramos en un cementerio. Montamos sencillas tiendas de campaña de lona justo encima de las lápidas: un muro de roca por lo que pueda pasar. Llueve. Huelo personas.

A las dos de la madrugada me despiertan para mi turno de guardia. Estoy fuera de la cama, de pie, hace frío. El hombre al que reemplazo se acerca a hablarme. Hay un helicóptero aparcado a treinta yardas que comienza a moverse bajo la luna. Mi supuesto amigo se convierte en líder, quiere disparar, temo una explosión. Me pide que rodee el helicóptero mientras él me cubre.

En la ventana está oscuro, no hay luna. Dentro, el piloto da vueltas agitado mientras duerme, balanceando su helicóptero.

LZ NOWHERE

Nights I spent on the dusty runway
under the green liftship

tethered down from the wind of the highlands
shaping the moonlit fields

surrounding us like care.
I stroked the length of the blades

those nights
and moved the rudder and flaps

so it felt like legs parting
or someone's arms opening to me.

ZONA DE ATERRIZAJE EN NINGUNA PARTE

Noches que pasé en la pista polvorienta
bajo el helicóptero verde amarrado

contra el viento de las montañas
que modela los campos de luna

envolviéndonos con dulzura.
Acaricié la largura de las aspas

aquellas noches
y moví el timón y los flaps

parecían piernas separándose
o brazos desconocidos abriéndose a mí.

DOGS

I bought a bar girl in Saigon
cigarettes, watches, and Tide soap
to sell on the black market
and she gave me a room to sleep in
and all the cocaine I could live through
those nights when I had to leave.
I would sometimes meet them on the stairs,
and she would be wrapped in the soldier
who was always drunk, smiling,
her smell all over him.

She ran once to the room screaming
about dogs and pulled me down to the street
where a crowd of Vietnamese gathered
watching two stuck.
The owners fought about whose fault it was.
The owner of the male took off his sandal,
began to beat the female;
the owner of the female
kicked the male
but they did not part.
The beating made her tighten
and her tightening made him swell

PERROS

Compré cigarrillos, relojes y jabón Tide
a una chica de bar
para vender en el mercado negro
y ella me dio una habitación donde dormir
y toda la cocaína que me podía meter
las noches en que tenía que dejar la habitación vacía.
A veces me encontraba a la chica en las escaleras,
envuelta en el soldado
que siempre estaba borracho y sonriente,
su cuerpo impregnado del olor de ella.

Una vez ella subió corriendo a la habitación
gritando algo de unos perros y me empujó a la calle
donde una muchedumbre de vietnamitas
miraba dos perros atascados uno en el otro.
Los dueños se peleaban por quién tenía la culpa.
El dueño del macho se quitó la sandalia
y atizó a la hembra;
el dueño de la hembra
pateó al macho
pero no se separaron.
Los golpes endurecieron a la hembra
y la estrechez hinchó al macho

and she dragged him down the street
the crowd running after them.

I remembered my grandfather,
how his pit bull locked up
the same way with the neighbor's dog.
The neighbor screamed and kicked
and the cop with the nightstick
sucked his teeth and circled
the dogs as the dogs circled.
Yet my grandfather knew what to do—
not cold water, warm,
warm and pour it slow.

y ella terminó arrastrándolo calle abajo,
la muchedumbre tras ellos.

Me acordé de mi abuelo,
de cómo su *pitbull*
se empalmaba a la perra del vecino.
El vecino gritaba y pateaba
y el policía con la porra
apretaba los dientes y rodeaba a los perros
que no paraban de dar vueltas.
Pero mi abuelo sabía qué hacer:
agua fría no, templada,
templada y vertiéndola despacio.

MINES

I

In Vietnam I was always afraid of mines:
North Vietnamese mines, Vietcong mines,
French mines, American mines,
whole fields marked with warning signs.

A Bouncing Betty comes up waist-high—
cuts you in half.
One man's legs were laid
alongside him in the dust-off,
he asked for a chairback, morphine,
he screamed he wanted to give
his eyes away, his kidneys,
his heart... .

II

Here is how you walk at night: slowly lift
one leg, clear the sides with your arms, clear the back,
front, put the leg down, like swimming.

MINAS

I

En Vietnam siempre tenía miedo de las minas:
minas nor-vietnamitas, minas del Vietcong,
minas francesas, minas estadounidenses,
campos enteros marcados con señales de advertencia.

Una mina *Bouncing Betty* te llega a la cintura
y te secciona en dos.
Las piernas de un hombre yacían junto a él,
tiradas en el helicóptero de rescate,
pedía un respaldo, morfina,
gritaba que quería deshacerse de sus ojos, sus riñones,
su corazón...

II

Así debes caminar por la noche: levanta una pierna
[lentamente,
despeja los lados con los brazos, despeja la parte de atrás,
la parte de delante, baja la pierna, como si nadaras.

WHEN SAIGON WAS FRENCH

I remember Françoise crossing
the room in a naked blur
in the hotel on Trung Hung Do—
dark except for flares
falling into the cemetery
catching on the window
as if the caches of weapons would be visible.
She was looking for something, a cigarette
or some more clothes as it was her idiosyncrasy
to move around afterwards
as it was mine to lie still
with the understanding that this was a war
in which no one was called to duty,
a war with no fronts.
I was a day away from leaving
and didn't want to go—a boy
come ten thousand miles from Ohio
to fall in with a French girl,
to lord over my block of the black market
and spend my money on cocaine,
all that beautiful dying
when Saigon was French.

CUANDO SAIGON ERA FRANCÉS

Recuerdo a Françoise atravesando
la habitación en un desnudo difuso
en el hotel de Trung Hung Do,
oscuro excepto por las bengalas
que caían sobre el cementerio
y se reflejaban en la ventana,
como si el depósito de armas estuviera a la vista.
Buscaba algo, un cigarro
o ropa, era su costumbre
deambular justo después,
y la mía quedarme tumbado convencido
de que en esta guerra el deber no llama a nadie
que es una guerra sin frentes.
Me quedaba solo un día
y no me quería ir, yo, un muchacho
de Ohio, a 10.000 millas,
termino enamorado de una chica francesa
y mangoneando en mi esquina del mercado negro
gastando todo el dinero en cocaína,
toda esa preciosa muerte
cuando Saigon era francés.

MERCY

Enough snow over last night's ice
so the road appears safe, appears
as a long white scar unfolding.
Ohio, cold hawk off Lake Erie,
and only enough light to see vague outlines:
the castlelike shape of mill stacks
and the shape of gulls' wings
dipping to the parking lot for garbage
lashed this way and that by the wind
these nights have in common.
I pumped gasoline from five to midnight
for minimum wage
because I had a family and the war
made me stupid, and only dead enough
to clean windshields.
When you clean the windshields of others
you see your own face
reflected in the glass.

COMPASIÓN

Ha nevado lo suficiente sobre el hielo
de anoche y la carretera parece segura
una larga y blanca cicatriz desdoblándose.
Ohio, sopla el frío halcón[9] en el lago Erie,
sólo hay luz para distinguir vagos contornos:
las torres del molino como un castillo
y las alas de las gaviotas
zambulléndose en el aparcamiento a por basura
que el viento azota aquí y allá,
eso tienen en común estas noches.
Echaba gasolina de cinco a medianoche
cobrando el salario mínimo
porque tenía una familia y la guerra
me había vuelto estúpido
y matado lo justo
como para limpiar parabrisas.
Cuando limpias los parabrisas de los demás
ves tu propia cara
reflejada en el cristal.

---

9 En el original *cold hawk* : frío viento que sopla desde el lago Michigan, el término nació en la comunidad afro-americana de Chicago y hace referencia al halcón.

I looked and saw only enough hope
to lift me car to car and in between
I breathed the oil smell and the fly strips
and the vending-candy air.
The Gulf sign clanged in the gale,
the plate glass strained like a voice
I thought would shatter
but still cars came, dim headlights
casting the snow into a silver sheet,
then the fenders like low clouds,
then the bundled families
and the hushed sound
when father opened the window
and slipped me the money for gas.
Only a second when our eyes catch
and the wind shows some mercy.

Miré y encontré sólo el coraje suficiente
para elevarme de un coche a otro y entretanto
respirar el olor del aceite y las tiras atrapamoscas
y el aire de la máquina de caramelos.
El cartel de *Gulf*[10] repicaba con el vendabal,
la placa de cristal tensa como una voz
tanto que creía que acabaría en pedazos
pero seguían viniendo coches, faros tenues
proyectando la nieve sobre láminas de plata,
y los guardabarros como nubes bajas,
y las familias apelotonadas
y el sonido apagado
cuando padre abrió la ventana
y me deslizó el dinero para la gasolina.
Sólo un segundo nuestras miradas se cruzan
y el viento me muestra algo de compasión.

10 Empresa petrolera estadounidense que dejó de existir en 1985.

BREAKDOWN

With sleep that is barely under the surface
it begins, a twisting sleep as if a wire
were inside you and tried at night
to straighten your body.
Or it's like a twitch
through your nerves as you sleep
so you tear the sheet from the bed
to try to stop the pounding spine.
A lousy, worthless
sleep of strangers with guns,
children trapped in the alley,
the teenage soldiers glancing back
over their soldiers
the moment before
they squeeze the trigger.

I am going to stay here as long as I can.
I am going to sit in the garden as if nothing has happened
and let the bruised azaleas have their way.

COLAPSO

Empieza con un sueño superficial,
un sueño retorcido como si un alambre
en tu interior intentara enderezar
tu cuerpo de noche.
O como un tic nervioso
que te hace rasgar las sábanas mientras duermes
en un intento por parar el martilleo de tu espina dorsal.
Un sueño mezquino, inútil,
de extraños con pistolas,
niños atrapados en el callejón,
soldados adolescentes girándose a mirar
a sus compañeros
el momento antes
de apretar el gatillo.

Me voy a quedar aquí todo el tiempo que pueda.
Me voy a sentar en el jardín como si nada hubiera pasado y
dejar que las azaleas amoratadas se salgan con la suya.

SNOWY EGRET

My neighbor's boy has lifted his father's shotgun and stolen
down to the backwaters of the Elizabeth
and in the moon he's blasted a snowy egret
from the shallows it stalked for small fish.

Midnight. My wife wakes me. He's in the backyard
with a shovel so I go down half drunk with pills
that let me sleep to see what I can see and if it's safe.
The boy doesn't hear me come across the dewy grass.
He says through tears he has to bury it,
he says his father will kill him
and he digs until the hole is deep enough and gathers
the egret carefully into his arms
as if not to harm the blood-splattered wings
gleaming in the flashlight beam.

His man's muscled shoulders
shake with the weight of what he can't set right no matter what,
but one last time he tries to stay a child, sobbing
please don't tell... .
He says he only meant to flush it from the shadows,
he only meant to watch it fly
but the shot spread too far

GARZA BLANCA

El chico de mi vecino ha cogido la escopeta de su padre
y se la ha llevado a escondidas al remanso del Elizabeth
y bajo la luna ha derribado una garza blanca
que buscaba pececillos en las aguas poco profundas.

Medianoche. Mi mujer me despierta. El chico
está en el jardín con una pala así que bajo las escaleras
medio borracho de los somníferos
e intento ver qué ocurre y si hay peligro.
El chico no me oye llegar a través del césped cubierto de rocío.
Entre lágrimas dice que tiene que enterrarla
que su padre lo matará
cava hasta que el agujero es lo suficientemente profundo
y toma la garza en sus brazos con cuidado
como para no dañar las alas salpicadas de sangre que resplandece
a la luz de la linterna.

Sus masculinos hombros
tiemblan bajo el peso de lo irreparable
pero intenta por última vez ser solo un niño, sollozando
por favor no se lo digas...
Dice que solo quería arrancarla de las sombras
solo quería verla volar

ripping into the white wings
spanned awkwardly for a moment
until it glided into brackish death.

I want to grab his shoulders,
Shake the lies loose from his lips but he hurts enough,
he burns with shame for what he's done,
with fear for his hard father's
fists I've seen crash down on him for so much less.
I don't know what to do but hold him.
If I let go he'll fly to pieces before me.
What a time we share, that can make a good boy steal away,
wiping out from the blue face of the pond
what he hadn't even known he loved, blasting
such beauty into nothing.

pero el disparo se adentró demasiado
desgarrando las alas blancas
la garza se desplegó con torpeza por un momento
hasta deslizarse a una muerte de sal.

Quiero agarrarlo de los hombros
y sacudir las mentiras de sus labios pero ya rezuma dolor,
arde de vergüenza por lo que ha hecho
y de terror a los puños de su padre
capaz de golpear al chico por mucho menos.
No sé qué hacer excepto sujetarlo.
Si lo suelto se deshará ante mis ojos.
Qué está pasando que un
buen chico puede robar y
hacer desaparecer del estanque azul
lo que ni siquiera sabía que amaba, reduciendo
tanta belleza a la nada.

III

THE KISS

III

EL BESO

What did I know, what did I know
of love's austere and lonely offices?

ROBERT HAYDEN

¿Qué sabía yo, qué sabía yo,
de los oficios austeros y solitarios del amor?

ROBERT HAYDEN

AMNESIA

If there was a world more disturbing than this
where black clouds bowed down and swallowed you
whole
and overgrown tropical plants
rotted, effervescent in the muggy twilight and monkeys
screamed something
that came to sound like words to each other
across the triple-canopy jungle you shared,
you don't remember it.

You tell yourself no and cry a thousand days.
You imagine the crows calling autumn into place
are your brothers and you could
if only the strength and will were there
fly up to them to be black
and useful to the wind.

AMNESIA

Si hay un mundo más inquietante que este
en el que nubes oscuras se inclinan en una reverencia y
te devoran de un bocado
plantas tropicales crecidas en exceso
se pudren, efervescentes en la humedad del crepúsculo
y los monos se chillan algo parecido a palabras
en la jungla tupida[11] que compartís,
no lo recuerdas.

Te dices a ti mismo que no y lloras durante mil días.
Te imaginas que los cuervos que llaman al otoño
son tus hermanos y que si tuvieras
algo de fuerza y voluntad
volarías hacia ellos
para volverte negro y serle útil al viento.

---

11 En el original *triple canopy jungle*: un tipo de jungla espesa muy común en el sudeste asiático.

ON THE ANNIVERSARY OF HER GRACE

Rain and low clouds blown through the valley,
rain down the coast raising the brackish
rivers at their high tides too high,
rain and black skies that come for you.

Not excellent and fair,
I wake from a restless night of dreams of her
whom I will never have again
as surely as each minute passing
makes impossible another small fulfillment
until there's only a lingering
I remember, a kiss I had imagined
would come again and again to my face.

Inside me the war had eaten a hole.
I could not touch anyone.
The wind blew through me to the green place
where they still fell in their blood.
I could hear their voices at night.

I could not undress in the light
her body cast in the dark rented room.

EN EL ANIVERSARIO DE SU BENDICIÓN

Lluvia y nubes bajas atraviesan el valle,
llueve en la costa y sube la marea salobre
de los ríos, sube demasiado,
la lluvia y el cielo negro vienen a por ti.

Ni exquisito ni atractivo,
despierto de una noche agitada
habiendo soñado con ella,
la que nunca volveré a tener,
tan seguro como que cada minuto que pasa
se hace imposible otra pequeña culminación,
hasta que solo recuerdo una persistencia
un beso que soñaba
que volvería a mi rostro una y otra vez.

Dentro de mí un agujero cavado por la guerra.
No podía tocar a nadie.
El viento me atravesó hasta el lugar verde
donde todavía tropezaban con su propia sangre.
Podía escuchar sus voces de noche.

No pude desnudarme en la luz
su cuerpo resaltaba en la oscura habitación alquilada.

I could keep the dragons at the gate.
I could paint my face and hide
as shadow in the triple-canopy jungle.
I could not eat or sleep then walk all day
and all night watch a moonlit path for movement.

I could draw leeches from my skin
with the tip of a lit cigarette
and dig a hole deep enough to save me
before the sun bloodied the hills we could not take
even with our lives
but I could not open my arms to her
that first night of forgiveness.
I could not touch anyone.
I thought my body would catch fire.

Podía dejar los dragones en la puerta.
Podía pintarme la cara y ser
sombra en la jungla tupida[12]*.
Podía estar sin dormir ni comer, caminar todo el día
y por la noche hacer guardia en un sendero a la luz de la luna.

Podía quitarme las sanguijuelas de la piel
con la punta de un cigarro encendido
y cavar un hoyo profundo para salvarme
antes de que el sol ensangrentara las colinas
que no podíamos tomar ni con nuestras vidas
pero no pude abrirme a ella
la primera noche de perdón.
No podía tocar a nadie.
Estaba convencido de que mi cuerpo ardería.

---

12 En el original *triple canopy jungle*: un tipo de jungla espesa muy común en el sudeste asiático.

APPARITION OF THE EXILE

There was another life of cool summer mornings, the dogwood air and the slag stink so gray like our monsoon which we loved for the rain and cool wind until the rot came into us. And I remember the boys we were the evening of our departure, our mothers waving through the train's black pluming exhaust; they were not proud in their tears of our leaving, so don't tell me to shut up about the war or I might pull something from my head, from my head, from my head that you wouldn't want to see and whoever the people are might be offended.

From the green country you reconstruct in your brain, from the rubble and stink of your occupation, there is no moving out. A sweet boy who got drunk and brave on our long ride into the State draws a maze every day on white paper, precisely in his room of years as if you could walk into it. All day he draws and imagines his platoon will return from the burning river where he sent them sixteen years ago into fire. He can't stop seeing the line of trees explode in white phosphorus blossoms and the liftship sent for them spinning uncontrollably beyond hope into the Citadel wall. Only his

APARICIÓN DEL EXILIO

Había otra vida de mañanas frescas de verano, el aire del cerezo y el hedor de los desechos del acero tan gris como nuestro monzón, que nos gustaba por su lluvia y su brisa fresca hasta que nos pudría. Y recuerdo lo jóvenes que éramos la noche antes de partir, nuestras madres saludando a través del humo negro del tubo de escape del tren. No eran lágrimas de orgullo, así que no me digas que no hable de la guerra o sacaré algo de mi cabeza, de mi cabeza, de mi cabeza que no va a gustar y podrían ofenderse, quienquiera que sean.

Del país verde que reconstruyes en tu cerebro, de los escombros y el tufo de la invasión no hay salida. Un tierno muchacho que se emborrachó y se envalentonó en el largo trayecto al campamento militar, dibuja cada día con precisión un laberinto en un papel en blanco, en su habitación de años, como si fuera posible entrar en ese laberinto. Todo el día dibuja y se imagina que su pelotón vuelve del río en llamas al que los envió hace dieciséis años. Todavía ve cómo explota la línea de los árboles, como flores blancas de fósforo, y ve el helicóptero de rescate girando sin control y sin esperanza directo a la pared de la ciudadela. Estos días solo viene su madre, se-

mother comes these days, drying the fruit in her apron or singing the cup of hot tea into his fingers which, like barbed wire, web the air.

cando la fruta en el delantal, o cantando y colocando una taza de té caliente en sus dedos, que entretejen el aire como alambre de espino.

A ROMANCE

The skinny red-haired girl gets up
from the bar and dances
over to the jukebox
and punches the buttons as if
she were playing the piano—
below the white points of her pelvis
an enormous belt buckle
shaped like the head of a snake
with two red rhinestone eyes
which she polishes with the heels of her hands
making circles on her own fine thighs
and looking up
she catches me staring, my lust like a flag
waving at her across the room
as her big mean boyfriend
runs hillbilly after hillbilly off the table
in paycheck nine-ball games of pool.

It is always like this with me in bars,
wanting women I know
I'll have to get my face
punched bloody to love.
Or she could be alone,

UN ROMANCE

La flaca pelirroja se levanta de la barra
y baila hasta la gramola
golpeando las teclas
como si tocara el piano.
Bajo su pelvis
una hebilla enorme
de cabeza de serpiente
dos ojos rojos de diamante falso
que pule con las palmas de la mano
dibuja círculos en sus delgados muslos
y al levantar la mirada
me sorprende con los ojos clavados en ella
mi deseo ondeando como una bandera
desde la otra punta del bar
mientras su enorme y mezquino novio
apaliza a un pueblerino tras otro
en la mesa de billar
jugándose su paga a bola nueve.

Siempre me pasa en los bares
deseo mujeres
y acabo recibiendo
puñetazos.

and I could be dull enough from the liquor
to imagine my face interesting enough to take her
into conversation while I count my money
hoping to Jesus I have enough
to get us both romantic.
I can't sleep anyway so I go to bars
and tell my giant lies to women
who have heard them from me,
from the thousands of me
out on the town with our impossible strategies
for no good reasons but our selves,
who are holy.

O ella está sola
y yo tan embotado por el alcohol
que considero mi cara interesante
como para entablar una conversación
mientras cuento el dinero
y rezo para tener lo justo
y ponernos románticos.
De todas formas no puedo dormir
así que voy a bares
y relato magníficas mentiras a mujeres
que ya las han escuchado antes,
de mí y de los miles como yo
sueltos por la ciudad
con estrategias imposibles
sin mejor excusa que
nuestros sagrados egos.

THE SHARING

I have not ridden a horse much,
two, maybe three times,
a broken gray mare my cousin called Ghost,
then only in the fall
through the flat pastures of Ohio,
that's not much.
But I watched two Chinese tanks
roll out of the jungle side by side,
their turret guns feeling before them
like a man walking through his dream,
their tracks slapping the bamboo like hooves.

I can't name the gaits of a horse
except the canter
and that rocks you to the withers,
but I saw those arms,
those guns and did not know for a moment
what they were, but knew they were not horses
as they pulled themselves deep
into the jungle
until there was only the dull rattle of their tracks
and a boy on a gray horse
flying through the opening fields.

LA CONFIDENCIA

No he montado mucho a caballo,
dos, quizá tres veces,
a una rota yegua gris que mi primo llamaba Fantasma
pero solo en otoño
y a través de los pastos de Ohio,
que no es decir mucho.
Pero vi dos tanques chinos salir de la jungla
uno al lado del otro
las torretas guiándolos
como un hombre recorriendo su sueño,
las cadenas partiendo el bambú como pezuñas.

No sabría nombrar los pasos del caballo
excepto el medio galope
que te sacude hasta destruirte
pero vi esas armas y por un momento
no supe qué eran, pero sabía que no eran caballos
mientras se arrastraban
hacia lo más profundo de la jungla
hasta que solo quedó el sonido sordo de sus cadenas
y un chico montado en un caballo gris
volando por encima del campo abierto.

ON THE EVENING BEFORE HIS DEPARTURE

On the evening before his departure
he drove restlessly down back streets
as if there were a door
that had been there all along
and he could find it now and
slide through and escape to another life
where the stars would not explode
in his face. And then he drank
beer with friends
who did not dare say
the brutally simple good-byes
but drank hard with him and touched
each other in their drunkenness and

months later, lives later,
leeches and rot and words
like a ball of steel in his mouth,
he would lie with another boy in the razor grass,
his stomach torn open and
glistening in light breaking through
the canopies of green,
and he would remember them,
their grace undone,

LA NOCHE ANTES DE PARTIR

La noche antes de partir
condujo sin descanso
por los callejones
como si existiera una puerta
que hubiera estado siempre ahí
y que solo ahora podía encontrar y
deslizarse por ella para escapar a otra vida
donde las estrellas no explotaran en su cara.
Y bebió cerveza
con amigos que no se atrevían a pronunciar
el despiadado y sencillo adiós
en cambio bebían salvajemente con él
y en su borrachera se tocaban unos a otros y

meses después, vidas después,
sanguijuelas y putrefacción y palabras
como una bola de acero en su boca,
se encontraría tumbado con otro chico en la hierba afilada
el estómago del muchacho desgarrado
y reluciente a la luz que atravesaba la copa de los árboles
y recordaría a sus amigos,
su elegancia deshecha
y los perdería para siempre en el remolino

then lose them forever in war's wind swirling
and give himself to the dying boy
who begged above the liftship blast
not to tell his mother.

del viento de la guerra
y se daría de lleno al chico moribundo
que rogaría, por encima del viento del helicóptero,
que no se lo contara a su madre.

ANNA GRASA

I came home from Vietnam.
My father had a sign
made at the foundry:
WELCOME HOME BRUCE
in orange glow paint.
He rented spotlights,
I had to squint.
WELCOME HOME BRUCE.

Out of the car I moved
up on the sign
dreaming myself full,
the sign that cut the sky,
my eyes burned,

but behind the terrible thing
I saw my grandmother,
beautiful Anna Grasa.
I couldn't tell her.

I clapped to myself,
clapped to the sound of her dress.
I could have put it on
she held me so close.
Both of us could be inside.

ANNA GRASA

Regresé de Vietnam.
Mi padre mandó hacer un cartel en la fundición:
BIENVENIDO A CASA BRUCE
pintado en naranja brillante.
Alquiló unos focos,
tuve que entornar los ojos.
BIENVENIDO A CASA BRUCE.

Salí del coche
y avancé hacia el cartel
soñándome completo,
el cartel que recortaba el cielo,
mis ojos ardían,

pero detrás de esa cosa horrible
vi a mi abuela,
hermosa Anna Grasa.
No se lo pude contar.

Me aplaudí y
aplaudí el sonido de su vestido.
Me lo podría haber puesto
de lo fuerte que me apretó.
Cabíamos los dos dentro.

THE SOLDIER'S BRIEF EPISTLE

You think you're better than me,
cleaner or more good

because I did what you may have only
imagined as you leaned over the crib

or watched your woman sleep.
You think you're far away from me

but you're right here in my pants
and I can grab your throat

like a cock and squeeze.
And you want to know what it's like

before I go. It's like
a bad habit, pulling the trigger,

like a dream come true.
And he did not hide well enough

I would tell his family
in a language they do not understand,

BREVE EPÍSTOLA DEL SOLDADO

Te crees mejor que yo,
más limpio, más puro,

porque he hecho lo que tú apenas
podrías imaginar al asomarte a la cuna

o al observar el sueño de tu mujer.
Te crees que estás muy lejos de mí

pero estás aquí en mis pantalones
y puedo agarrarte la garganta

como una polla y estrujar.
Y quieres saber qué se siente

antes de que me marche. Apretar
el gatillo es como un mal hábito,

como un sueño hecho realidad.
No se escondió muy bien

es lo que contaría a la familia,
en un idioma que no entienden,

but he did not cry out,
and he was very difficult to kill.

pero no gritó
y fue muy difícil de matar.

DIALECTICAL MATERIALISM

Through dark tenements and fallen temples
we wander into Old Hanoi,
oil lamps glowing in small
storefronts and restaurants
where those, so long ago my enemy,
sit on low chairs and praise the simple evening.
On one block
the rich steam from pho,
their morning and evening soup, rises,
on another
brown smoked ducks are strung up in a row.
The people talk and smoke,
men hold each other's hands again in that old way
and children,
their black and white laughter all around us,
kick the weighted feather
with such grace into the air
because the bombs have stopped. And further

to the Long Bien bridge
where we meet a man
filling buckets
hung across his back's yoke

MATERIALISMO DIALÉCTICO

Deambulamos por el casco antiguo de Ha noi
por sus oscuros edificios y templos derruidos
lámparas de aceite resplandecen
en pequeños escaparates y restaurantes
donde los que antaño fueron mis enemigos,
sentados en banquetas bajas,
celebran la sencillez de la tarde.
En un bloque de edificios
el vapor denso del Pho,
su sopa de mañana y tarde, se eleva,
en otro bloque
patos tostados y ahumados cuelgan en hilera
la gente charla y fuma,
los hombres vuelven a cogerse de la mano como antes
y los niños,
su risa negra y blanca envolviéndonos,
dan una patada al aire a la pesada pluma
con tanta elegancia
porque ya no hay más bombas. Y más allá

del puente de Long Bien
nos encontramos un hombre
con cubos colgando de un yugo

to bring cool water to his corn
in the moonlight.
When we ask our questions
he points to a stone and stick
house beyond the dikes
one thousand meters from the bridge
our great planes
could not finally knock down.
He doesn't say
how he must have huddled
those nights with his family,
how he must have spread himself
over them
until the village bell
called them back to their beds.
There are questions which
people who have everything
ask people who have nothing
and they do not understand.

Hanoi, December 1985

a su espalda,
agua fresca para el maíz
a la luz de la luna.
Cuando le hacemos las preguntas
señala una casa de palos y piedras
al otro lado de la cuneta
a mil metros del puente,
el que nuestros grandiosos aviones
no consiguieron derribar.
No nos cuenta
cómo debió apiñarse
esas noches con su familia,
cómo se tiró encima para cubrirlos
hasta que la campana del pueblo
los enviaba de vuelta a la cama.
La gente que lo tiene todo
hace preguntas que
la gente que no tiene nada
no comprende.

Hanoi, Diciembre 1985

THE KISS

All the good-byes said and done
I climbed into the plane and sat down.
From the cold I was shaking and ached
to be away from the love
of those waving through the frozen window ...

(Once as a boy I was lost in a storm,
funnel cloud twisting so near
I was pitched from my bicycle
into the ditch,
picked up by the wind and yellow sky,
my arms before me
feeling my way through the wind
I could not cry above.
Out of that black air of debris,
out of nowhere, my father bent down,
lifted me and ran
to the house of strangers.)

And again that day on the plane
he appeared to me,
my forgotten orders in his hands.
He bent down to put the envelope into my lap,

EL BESO

Después del adiós
subí al avión y me senté.
Temblaba de frío y ansiaba
alejarme del amor
de quienes se despedían de mí
a través de la ventana congelada...

(De pequeño me perdí en una tormenta
una nube embudo giraba tan cerca
que me lanzó a la zanja con mi bicicleta
el viento y el cielo amarillo me recogieron,
los brazos por delante
sintiendo mi paso por el viento
tan fuerte que no podía gritar.
De la nada
a través de ese aire negro de escombros
mi padre se agachó
me recogió y me llevó
a casa de unos desconocidos)

Y ese día, en el avión,
allí estaba él otra vez
con los papeles que me había olvidado en la mano.

on my lips he kissed me hard
and without a word he was gone
into the cold again.
Through the jungle, through the highlands,
through all that green dying
I touched my fingers to my lips.

Se agachó y dejó el sobre en mi regazo
me besó fuerte en los labios
y sin decir nada
se marchó hacia el frío.
A través de la jungla, a través de las montañas,
a través de todo ese verde moribundo
me tocaba los labios con los dedos.

ELEGY

Into sunlight they marched,
into dog day, into no saints day,
and were cut down.
They marched without knowing
how the air would be sucked from their lungs,
how their lungs would collapse,
how the world would twist itself, would
bend into the cruel angles.

Into the black understanding they marched
until the angels came
calling their names,
until they rose, one by one from the blood.
The light blasted down on them.
The bullets sliced through the razor grass
so there was not even time to speak.
The words would not let themselves be spoken.
Some of them died.
Some of them were not allowed to.

ELEGÍA

Marchaban hacia la luz del sol
hacia un día de perros, un día sin santos,
y fueron derribados.
Marchaban sin saber
que el aire sería extraído de sus pulmones
sus pulmones colapsarían
el mundo se retorcería, doblándose
en ángulos crueles.

Marchaban hacia el conocimiento negro
hasta que los ángeles vinieron
y los llamaron por su nombre,
hasta que se elevaron de la sangre, uno a uno.
La luz los arrolló.
Las balas atravesaron la hierba cortante
por lo que no dio tiempo a hablar.
Las palabras no se dejaron decir.
Algunos de ellos murieron.
A los otros no se les permitió morir.

ÍNDICE

Canción de napalm
de Bruce Weigl,
compuesto con tipos Montserrat en créditos
y portadillas, y Cormorant Garamond
en el resto de las tripas,
bajo el cuidado de Dani Vera,
se terminó de imprimir
el 8 de marzo de 2024.

LAUS DEO